Mi biblioteca de ciencias

¡Vamos a clasificar animales!

Kelli Hicks

Editora científica:
Kristi Lew

Rourke
Educational Media

rourkeeducationalmedia.com

*Scan for Related Titles
and Teacher Resources*

Editora científica: Kristi Lew
Antigua maestra de escuela secundaria con una formación en bioquímica y más de 10 años de experiencia en laboratorios de citogenética, Kristi Lew se especializa en hacer que la información científica compleja sea divertida e interesante, tanto para los científicos como para los no científicos. Es autora de más de 20 libros de ciencia para niños y maestros.

www.rourkeeducationalmedia.com

Photo credits: Cover © L.Watcharapol , Khramtsova Tatyana, neelsky, Audrey Snider-Bell, pzAxe, Cover logo frog © Eric Pohl, test tube © Sergey Lazarev;; Table of Contents © cristi180884; Page 4 © thumb; Page 5 © sailorr; Page 6 © Andrey Army-agov, Lipowski Milan, ILYA AKINSHIN, Kirsanov; Page 7 © Kirsanov, serg_dibrova; Page 8 © Four Oaks, Uryadnikov Sergey, Monkey Business Images; Page 9 © gary yim; Page 10 © Sari ONeal, Don Fink; Page 11 © Kirsanov; Page 12 © Zadiraka Evgenii, PerseoMedusa; Page 13 © Dr. Morley Read; Page 14 © cristi180884, Johan Larson, Tootles; Page 15 © karamysh; Page 16 © Pinosub, cbpix; Page 17 © Vittorio Bruno; Page 18 © Kokhanchikov, Sabine Schmidt; Page 19 © Czesznak Zsolt; Page 20 © Alekcey, Yongsan; Page 21 © iliuta goean, formiktopus

Editora: Jeanne Sturm

Cubierta y diseño de página de Nicola Stratford, bdpublishing.com
Traducido por Yanitzia Canetti
Edición y producción de la versión en español de Cambridge BrickHouse, Inc.

Library of Congress Cataloging-in-Publication Data

Hicks, Kelli L.
  ¡Vamos a clasificar animales! / Kelli Hicks.
    p. cm. -- (Mi biblioteca de ciencias)
  Includes bibliographical references and index.
  ISBN 978-1-61741-755-9 (hard cover - English) (alk. paper)
  ISBN 978-1-61741-957-7(soft cover - English)
  ISBN 978-1-61236-678-4 (e-Book - English)
  ISBN 978-1-61236-930-3 (soft cover - Spanish)
  ISBN 978-1-62169-082-5 (e-Book - Spanish)
  1. Animals--Classification--Juvenile literature. I. Title.
QL351.H53 2011
590--dc22
                          2011938886

Rourke Educational Media
Printed in the United States of America,
North Mankato, Minnesota

Rourke
Educational Media

rourkeeducationalmedia.com

customerservice@rourkeeducationalmedia.com • PO Box 643328 Vero Beach, Florida 32964

Contenido

Ordenar las especies

¿Sabías que hay millones de tipos o **especies** de animales diferentes que viven en la Tierra? Los científicos estudian estas especies y las clasifican, u ordenan, en grupos.

Los científicos del mundo buscan por mar y tierra para descubrir nuevas especies.

saltamontes

Para clasificar diferentes especies en grupos, los científicos estudian qué las asemeja y qué las diferencia. Echemos un vistazo más de cerca.

tarántula

oso polar

Clasificar los animales

Todos los animales con pelaje, o que tienen pelos en su cuerpo, pertenecen al mismo grupo. Son animales de **sangre caliente** y paren a sus crías. La cría se alimenta de la leche de su madre. ¿Cómo clasificamos estos animales?

cría del chivo

víbora de foseta

¡Son los mamíferos! Los elefantes, los osos polares y los chivos son mamíferos. Los seres humanos también son mamíferos.

Mamíferos	
De sangre caliente	✔
Paren a sus crías	✔
Las crías beben leche de la madre	✔

Elefantes africanos

osa polar con sus crías

Hay otro grupo de animales de sangre caliente. Los animales de este grupo tienen plumas y alas en vez de pelo o pelaje. Sus crías rompen el **cascarón** de un huevo. ¿Cómo clasificamos estos animales?

pingüino papúa con su pichón

¡Son las aves! Los colibríes, los cardenales y los pingüinos son aves. Viven en diferentes partes del mundo, pero todos pertenecen al mismo grupo.

Aves	
De sangre caliente	✔
Las crías nacen de huevos	✔
Tienen plumas y alas	✔

cardenal rojo

colibrí

Algunos animales tienen **escamas** en vez de pelos o plumas. Son animales de **sangre fría** y piel seca. La mayoría pone huevos. ¿Cómo clasificamos estos animales?

víbora de foseta

¡Son los reptiles! Los cocodrilos, los **camaleones** y las serpientes son todos reptiles.

Reptiles	
De sangre fría	✔
Las crías nacen de huevos	✔
Tienen escamas	✔

cocodrilo

camaleón

Algunos animales viven tanto en la tierra como en el agua. Son de sangre fría como los reptiles, pero tienen la piel húmeda en vez de seca. Ponen huevos y algunos tienen patas palmeadas. ¿Cómo clasificamos estos animales?

rana mono del Amazonas

¡Son los anfibios! Las ranas, los sapos y las salamandras son todos anfibios.

Anfibios	
De sangre fría	✔
Las crías nacen de huevos	✔
Viven tanto en la tierra como en el agua	✔

rana arborícola australiana

sapo

salamandra

No todos los animales respiran fuera del agua. Algunos respiran bajo el agua con sus **branquias** o agallas. Tienen escamas y aletas, son de sangre fría y algunos ponen huevos. ¿Cómo clasificamos estos animales?

salmón rojo

¡Son los peces! ¿Sabías que los tiburones son peces? Ellos pertenecen al mismo grupo que la trucha, el salmón y el *guppy*.

Peces	
De sangre fría	✔
Tienen escamas y aletas	✔
Respiran bajo el agua a través de branquias	✔

trucha

tiburón gris

Hay animales que pertencen al mismo grupo porque no tienen columna vertebral.

pulpo

¡Son los invertebrados! Los pulpos, las lombrices de tierra y los caracoles son todos invertebrados.

Invertebrados	
No tienen columna vertebral	✓

lombrices de tierra

caracol de jardín

Algunos invertebrados se agrupan porque tienen muchas partes en su cuerpo y seis o más patas. ¿Cómo clasificamos estos animales?

ciervo volante (escarabajo)

¡Son los insectos y arácnidos! Las abejas, los saltamontes y los escarabajos son insectos.

Insectos	
Sin columna vertebral	✔
Seis patas	✔
Tienen antenas	✔

abeja

saltamontes

Las arañas y los escorpiones son arácnidos.

escorpión

Arácnidos	
Sin columna vertebral	✔
Ocho patas	✔
Sin antenas	✔

tarántula

DEMUESTRA lo que sabes

1. ¿Cuáles son algunas características de los mamíferos?

2. ¿En que grupo clasificarías al lagarto?

3. ¿Puedes explicar algunas semejanzas y diferencias entre los reptiles y los anfibios?

Glosario

branquias: órganos laterales de los peces que usan para respirar

camaleones: lagartos que cambian de color, a veces lo combinan con el color que los rodea

cascarón: cubierta del huevo que se rompe o eclosiona cuando el polluelo está listo para nacer

escamas: pequeñas partes que cubren el cuerpo de un pez, serpiente, reptil u otros animales

especies: grupos de animales ordenados de acuerdo con las características que comparten

(de) sangre caliente: se dice de los animales cuya temperatura del cuerpo permanece igual incluso cuando hay cambios de temperatura a su alrededor

(de) sangre fría: se dice de los animales cuya temperatura del cuerpo cambia cuando cambia la temperatura a su alrededor

Índice

Sitios en la Internet

www.brainpopjr.com/science/animals/classifyinganimals

www.kidsbiology.com

www.kidzone.ws/animals/animal_classes.htm

Acerca de la autora

Kelli Hicks se clasificaría a ella misma como escritora, aprendiz y alguien a quien le encanta acurrucarse en una butaca cómoda a leerles un libro a sus niños. Ella vive en Tampa con su esposo, sus hijos Mackenzie y Barrett, y su perrito Gingerbread.

Meet The Author!
www.meetREMauthors.com